Cendrillon

AUZOU

Il était une fois un brave homme qui avait épousé en secondes noces une femme froide et hautaine. Elle avait deux filles qui lui ressemblaient beaucoup. Le gentilhomme, quant à lui, avait eu, de son précédent mariage, une fille dont la douceur et la bonté n'avaient d'égal que la beauté.

La marâtre était fort jalouse des qualités de sa belle-fille. Elle la chargeait donc de tous les gros ouvrages de la maison. La jeune fille frottait du matin jusqu'au soir et dormait sur une paillasse dans le grenier. Elle n'osait se plaindre auprès de son père.

Lorsque son travail était terminé, la pauvre enfant allait se blottir au coin de la cheminée, près des cendres, si bien que l'on prit l'habitude de l'appeler Cendrillon.

Un jour, le fils du roi annonça un grand bal à la cour. Il pria toutes les personnes de qualité de venir. Les deux vilaines sœurs allaient s'y rendre, mais la pauvre Cendrillon n'avait que de vieux haillons usés. « Hélas ! Comment pourrais-je me présenter devant le prince ainsi vêtue ? » pensait-elle.

Les deux sœurs étaient heureuses de se moquer d'elle.
Le soir du bal, la pauvre enfant reprisa et repassa les beaux habits des demoiselles. Après leur départ, elle se mit à pleurer.

Recette
pour un bal réussi
+ 1 =
+ 6 =
+ 1 =
+ 6 =

La marraine de Cendrillon, qui était une fée, décida de l'aider. « Ma pauvre enfant, si tu veux aller au bal, écoute-moi bien. Va chercher dans le jardin une grosse citrouille, six petites souris, un gros rat gris et six lézards. »

Cendrillon obéit.
Aussitôt revenue, la fée sortit sa baguette magique.

Elle frappa la citrouille qui se transforma en un magnifique carrosse doré, puis les souris furent changées en superbes chevaux blancs, le rat gris en cocher moustachu et les six lézards en élégants laquais.

La fée dit alors à Cendrillon :
« Allez, en route mon enfant !
Il ne faudrait pas faire attendre le prince.
– Mais… ma douce marraine, je ne peux
y aller vêtue ainsi ! »

La bonne fée effleura la jeune fille avec sa baguette magique. Ses haillons se changèrent en somptueux habits d'or et d'argent. Elle lui donna ensuite de délicates pantoufles de vair.

Cendrillon, folle de joie, embrassa sa marraine et monta dans le carrosse.
« Surtout, rentre avant les douze coups de minuit.
Passé ce délai, le charme sera rompu », lui recommanda la bonne fée.

Cendrillon promit et partit.

Arrivée au bal, elle fut reçue comme une véritable princesse. Le prince n'eut d'yeux que pour cette belle inconnue. Ils dansèrent toute la soirée. Aux anges, la jeune fille oublia le conseil de sa marraine.

Lorsqu'elle entendit minuit sonner, elle s'enfuit rapidement, laissant le prince désemparé. Dans sa fuite, elle laissa tomber une de ses pantoufles de vair.
Le prince la ramassa avec soin et se jura de retrouver cette magnifique jeune fille qu'il aimait déjà. Cendrillon revint chez elle sans carrosse, sans laquais, et sans cocher.
Elle portait de nouveau ses vieux haillons.

Mais à un de ses pieds brillait encore une de ses petites pantoufles.

Le lendemain, le prince annonça qu'il épouserait celle dont le pied s'ajusterait parfaitement au délicat petit soulier. Nombre de demoiselles de la cour essayèrent la pantoufle.

Sans succès.

Lorsque enfin on la porta aux deux sœurs de Cendrillon, elles firent tout leur possible pour y faire entrer leur pied, inutilement.

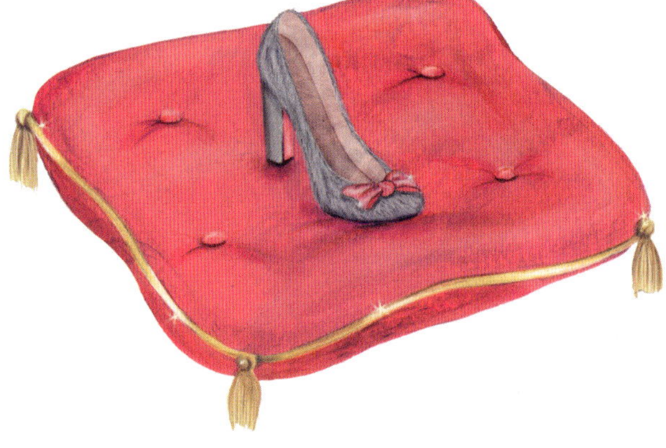

Cendrillon demanda aussi à l'essayer. Ses sœurs se moquèrent d'elle. Le gentilhomme, qui avait l'ordre de chausser l'escarpin à toutes les filles du royaume, fit asseoir Cendrillon.

Quelle surprise quand il vit qu'elle lui allait parfaitement !